Anne Schlosser

Mit zwölf Antworten zum MLM-Erfolg

Was Sie bedenken sollten, bevor Sie viel Zeit und Geld in ein MLM-, Networkmarketing- oder Empfehlungsmarketing-System investieren.

Bibliografische Information der Deutschen Nationalbibliothek:

Die Deutsche Nationalbibliothek verzeichnet diese Publikation in der Deutschen Nationalbibliografie; detaillierte bibliografische Daten sind im Internet über http://dnb.dnb.de abrufbar.

© 2013 Anne Schlosser

Umschlaggestaltung: Sophia Valkova
Lektorat: Dr. Lotte Husung

Herstellung und Verlag:
BoD – Books on Demand, Norderstedt

ISBN: 978-3-7347-8545-0

Das Werk einschließlich aller Inhalte ist urheberrechtlich geschützt. Alle Rechte vorbehalten. Nachdruck oder Reproduktion (auch auszugsweise) in irgendeiner Form (Druck, Fotokopie oder anderes Verfahren) sowie die Einspeicherung, Verarbeitung, Vervielfältigung und Verbreitung mit Hilfe elektronischer Systeme jeglicher Art, gesamt oder auszugsweise, ist ohne ausdrückliche schriftliche Genehmigung des Verlages untersagt. Alle Übersetzungsrechte vorbehalten.

Die Benutzung dieses Buches und die Umsetzung der darin enthaltenen Informationen erfolgt ausdrücklich auf eigenes Risiko. Der Verlag und auch der Autor können für etwaige Unfälle und Schäden jeder Art, die sich beim Besuch von in diesem Buch aufgeführten Orten ergeben (z.B. aufgrund fehlender Sicherheitshinweise), aus keinem Rechtsgrund eine Haftung übernehmen. Rechts- und Schadenersatzansprüche sind ausgeschlossen.

Das Werk inklusive aller Inhalte wurde unter größter Sorgfalt erarbeitet. Dennoch können Druckfehler und Falschinformationen nicht vollständig ausgeschlossen werden.

Der Verlag und auch der Autor übernehmen keine Haftung für die Aktualität, Richtigkeit und Vollständigkeit der Inhalte des Buches, ebenso nicht für Druckfehler. Es kann keine juristische Verantwortung sowie Haftung in irgendeiner Form für fehlerhafte Angaben und daraus entstandenen Folgen vom Verlag bzw. Autor übernommen werden. Für die Inhalte von den in diesem Buch abgedruckten Internetseiten sind ausschließlich die Betreiber der jeweiligen Internetseiten verantwortlich.

Inhaltsverzeichnis

Vorwort   8

Illegales Schneeballsystem?   12

Sind MLM-Systeme, Networkmarketing oder Empfehlungsmarketing illegal?   13

Wann ist ein MLM-System illegal?   13

Kann ich mit MLM Geld verlieren?   15

Zwölf Fragen, die Sie beantworten sollten, bevor Sie in ein MLM-System einsteigen   17

Verkauf oder Empfehlung?   17

Einkauf ins System?   19

Produktverkauf oder System-Aufbau?   21

Mindestabnahme / Mindestumsatz?   23

Folgen von Urlaub, Abwesenheiten, Krankheit?   25

Glaubwürdigkeit?   26

Warenrücknahme?   28

Produktqualität / Haftung?   29

Was fordert »Vater Staat« von mir?   31

Bereitschaft, sich weiterzubilden?   33

Zusammenarbeit mit Ihrem Sponsor?   34

Zeit-Budget und Bereitschaft zur Extra-Meile?   36

Fazit   38

Vorwort

Auch wenn ich mich damit in der MLM-Branche unbeliebt mache: 80% der Menschen, die in ein MLM-, Networkmarketing- oder Empfehlungsmarketing-System einsteigen, werden damit niemals einen Euro Profit machen und noch nicht einmal ihre eigenen Ausgaben decken. Von den restlichen 20% ist etwa ein Zehntel sehr erfolgreich und kann von seinen Einnahmen nicht nur leben, sondern sich tatsächlichen Wohlstand aufbauen, die restlichen neun Zehntel verdienen nach Abzug ihrer eigenen Ausgaben einen mehr oder weniger großen Zuschuss zu ihrem Monatseinkommen oder können aus den Einnahmen, ohne eine andere Tätigkeit auszuüben, bescheiden leben.

Ich bin eine von den Glücklichen. Zwar steht in meiner Garage kein Ferrari, aber ich bin durch Empfehlungsmarketing so wohlhabend geworden, dass ich durch meine Provisionszahlungen gut leben kann; wirklich reich bin ich aber nicht. Konkret darf ich mich monatlich über Einnahmen im tieferen fünfstelligen Bereich freuen und bin sehr dankbar dafür. Damit das so bleibt, veröffentliche ich dieses Buch unter einem Pseudonym, da mir bewusst ist, dass ich damit womöglich Menschen auf die Füße treten könnte.

In meiner Networkmarketing-Karriere habe ich nicht nur vieles über Produkte, sondern ganz besonders auch über Menschen gelernt. Insbesondere habe ich herausgefunden, dass ich inzwischen bei neuen Einsteigern in ein Networkmarketing-System mit ein paar wenigen Fragen mit nahezu hundertprozentiger Treffsicherheit sagen kann, ob die entsprechende Person in ihrer Tätigkeit erfolgreich sein wird oder nicht.

Da meine Arbeitszeit als Führungskraft - besonders aber auch die Arbeitszeit meiner Partner in meiner Downline[1] kostbar ist -,

---

[1] Downline werden die Partner in einem MLM-System genannt, die von jemandem gesponsort

habe ich mich entschlossen, dieses Buch zu schreiben. Ich biete hier Interessenten anhand von zwölf Fragen eine Grundlage, auf der sie selbst herausfinden können, ob ein bestimmtes MLM-System ihnen entspricht. Ich denke, das ist für alle Beteiligten fair. Die Interessenten investieren nicht unnütz Zeit und Geld in ein System, das ihnen ohnehin nicht die erhofften Resultate bringen wird, und ihre potenziellen Sponsoren[2] können sich auf die Förderung und den Aufbau von Menschen konzentrieren, die ihnen nachhaltig Erfolge und Provisionen sichern.

Wenn Sie anhand Ihrer eigenen Antworten herausfinden, dass ein bestimmtes System nicht für sie passt, heißt das nicht, dass es nicht auch für Sie den richtigen Anbieter für den Aufbau Ihres Einkommens gäbe, sondern nur, dass Sie ihn womöglich noch nicht gefunden haben.

---

    werden und an deren Erfolgen man in Form von Provisionen partizipiert.
[2] So nennt man im Networkmarketing die Personen, die eine andere Person anwerben und in ihre Struktur einreihen.

Viel Erfolg beim Aufbau Ihres passiven Einkommens wünscht

Ihre Anne Schlosser

Alle meine Ausführungen basieren auf eigenen Erfahrungen. Sie stellen keine Beratung für Ihren ganz spezifischen Fall dar und vor allem auch kein Erfolgsversprechen. Vielmehr soll das Büchlein lediglich Denkanstöße vermitteln. Als mündiger Leser sind Sie dafür verantwortlich, was Sie mit den beschriebenen Informationen sowie Ihren daraus gewonnenen Erkenntnissen tun.

Illegales Schneeballsystem?

Die Frage, die sich die meisten Menschen, die in einem MLM aktiv sind, immer wieder anhören müssen, ist jene, ob es sich dabei um ein illegales Schneeballsystem handle. Wenn ich auf solche Fragen hin zurückfrage, was sie denn genau unter einem Schneeball-System verstünden, stellt sich oft heraus, dass meine Gesprächspartner das gar nicht so genau wissen. Kürzlich antwortete mir eine Dame: »Es ist ein Geschäft, das illegal und gefährlich ist, weil Menschen dadurch Geld verlieren.«

Was dabei auffällt, ist, dass das Thema »Schneeballsystem« von der »Definition her« eigentlich gar nicht angesprochen wird, sondern ausschließlich das Thema der angeblichen »Illegalität«. Lassen Sie mich aus diesem Grund etwas weiter ausholen.

Sind MLM-Systeme, Networkmarketing oder Empfehlungsmarketing illegal?

Grundsätzlich kann man hier mit einem klaren »Nein« antworten. Trotzdem ist es denkbar, dass eine Organisation, die ein illegales Geschäft betreibt, dies auch über ein MLM-System tun kann. Entsprechende Beispiele gab es leider schon in der Vergangenheit. Hieraus aber auf eine ganze Branche zu schließen ist genauso voreilig, als würden Sie alle Pizza-Bäckereien, Autohändler, Gärtnereien, Ärzte oder Taxi-Unternehmen für kriminell halten, nur weil es natürlich in jeder dieser Branchen auch schwarze Schafe gibt.

Wann ist ein MLM-System illegal?

Grundsätzlich ist das Geschäft jedes Unternehmens illegal, wenn es mit seiner Tätigkeit gegen gesetzliche Regelungen verstößt. Wenn eine Firma, egal ob nun MLM oder nicht, beispielsweise nicht zugelassene, also verbotene Feuerwerkskörper verkauft, dann handelt sie gesetzeswidrig - egal ob das System nun auf MLM beruht oder nicht. Im Bereich von Network-Marketing gilt es zusätzlich eine Regel, die in etwa besagt, dass ein MLM-System dann gegen das Gesetz verstößt, wenn die zentrale Einnahmequelle der Mitglieder nicht im Vertrieb von Produkten oder Dienstleistungen besteht, sondern zum weit überwiegenden Teil aus der Rekrutierung von neuen »Mitspielern«. Das ist bei seriösen MLM-Systemen nicht der Fall. Vielmehr steht bei seriösen Anbietern normalerweise ein Hersteller von einem oder mehreren Produkten dahinter, dessen Hauptaugenmerk darauf gerichtet ist, seine Produkte über einen alternativen Vertriebsweg zu vermarkten. Dabei wird die üblicherweise eingerechnete Groß- und Einzelhandelsmarge statt an den Handel an die Menschen in der MLM-Struktur ausbezahlt.

Kann ich mit MLM Geld verlieren?

Die Antwort ist ganz klar: »Ja, das können Sie.« Wie in jedem Business investieren Sie auch bei MLM Geld in den Erwerb von Produkten, eventuell auch in die Teilnahme an Weiterbildungen oder ähnliche Leistungen, und dieses Geld können Sie verlieren, wenn Sie in Ihrem Geschäft nicht erfolgreich sind. Es geht um Business und das beinhaltet immer auch ein gewisses Risiko.

Allerdings ist dies in den meisten MLM-Systemen sehr überschaubar. Viele Systeme kennen gar keine oder nur eine minimale Einstiegsgebühr und lediglich die Verpflichtung, die für den eigenen Bedarf notwendigen Artikel für wenige Euros zu erwerben, um voll provisionsberechtigt zu sein. Vergleicht man das mit manchen Franchising-Systemen, wo das Recht, eine Filiale des betreffenden Franchise-Gebers aufzubauen, oft mit Beträgen von Zehntausenden oder gar Hunderttausenden Euros erworben werden muss, dann ist das Risiko in den meisten MLM-Systemen sehr kalkulierbar und für die meisten Menschen in unserer Region leistbar.

Um Ihr Risiko zu reduzieren, habe ich dieses Büchlein geschrieben. Mit der Beantwortung der nachfolgenden zwölf Fragen können Sie für sich selbst eine gute Entscheidungsgrundlage finden, um festzustellen, ob ein bestimmtes System für Sie Erfolg versprechend ist oder eben nicht. Wenn Sie bei gewissen Fragen noch keine Antwort wissen, fragen Sie Ihren Sponsor. Ein guter, erfahrener Sponsor müsste Ihnen alle genannten Fragen problemlos beantworten können.

Zwölf Fragen, die Sie beantworten sollten, bevor Sie in ein MLM-System einsteigen

Verkauf oder Empfehlung?

Jede MLM-Tätigkeit hat mit Verkauf zu tun. Nur wenn es jemanden gibt, der für ein Produkt bezahlt, kommt auch ein Umsatz zustande, von dem Provisionen bezahlt werden können. Viel genauer wäre es zu sagen, dass es zum einen MLM-Systeme gibt, bei denen Sie Produkte zu einem reduzierten Preis einkaufen und dann an Kunden verkaufen. Und zum anderen solche, bei denen Sie einem Interessenten Produkte empfehlen oder sie ihm verkaufen, ohne dabei selbst die Produkte in Händen zu haben, weil diese vom Hersteller direkt an den Käufer versandt werden und Sie nur ein Abschlusshonorar oder eine Erfolgsprovision erhalten.

Wichtig ist auch die Fragestellung bei Systemen, in welchen Sie selbst weiterverkaufen: Gibt es in Ihrem Land womöglich irgendwelche Verkaufsbeschränkungen oder Voraussetzungen, die Sie erfüllen müssten, um gewisse Produkte selbst zu verkaufen? Soweit es sich um Produkte im medizinischen oder medizinnahen Bereich handelt: Sind diese in Ihrem Land überhaupt zugelassen?

Fragen, die Sie sich stellen sollten:

Ich erlebe immer wieder Menschen, die ins MLM-Business einsteigen, dann aber keine Vertriebserfolge haben, weil sie nicht auf Menschen zugehen können. Es geht dabei normalerweise nicht darum, Menschen zu überreden, sondern ihnen etwas Gutes zu tun. Stellen Sie sich ganz ehrlich die folgenden Fragen:

- Bin ich von den Produkten des Anbieters so überzeugt, ja begeistert, dass ich sie auch meinen Freunden aus voller Überzeugung empfehlen würde?
- Gehe ich gern auf Menschen zu und spreche sie an?

- Kann ich verkaufen oder bin ich bereit, es zu lernen?
- Sind die angebotenen Produkte in meinem Land überhaupt gesetzeskonform vertreibbar? Welche Voraussetzungen muss ich womöglich erfüllen und welche Haftungsrisiken gehe ich womöglich ein?

Es kann gut sein, dass Sie basierend auf Ihrem aktuellen Kenntnisstand gewisse Fragen nicht selbst beantworten können. In dem Fall empfiehlt es sich, dass Sie diese mit Ihrem potenziellen Sponsor durchgehen. Auch er müsste ein Interesse daran haben, dass Sie eine bewusste Entscheidung treffen, denn nur dann werden Sie auch langfristig dabei bleiben und ihm langfristig Einnahmen verschaffen.

Einkauf ins System?

Fast jeder Anbieter hat eine Eintrittshürde für neue Vertriebspartner aufgestellt. Diese kann, abhängig von der Strategie eines Unternehmens, ganz unterschiedlich hoch sein.

Es gibt Anbieter, bei denen der Einkaufspreis im Wesentlichen daraus besteht, dass man die Produkte selbst konsumiert. Dies erscheint mir sinnvoll, denn wenn Sie die Produkte tatsächlich nutzen, können Sie auch am besten darüber Auskunft geben. Manche Systeme fordern aber auch eine Mindest-Erstbestellmenge oder den Erwerb eines Franchise-Packs oder Ähnliches.

Fragen, die Sie sich stellen sollten:

- Welchen Umsatz müssen Sie realisieren, um die Investition in Ihren Einkauf ins System auszugleichen? Wie lange brauchen Sie dazu? (Fragen Sie zum Vergleich Ihren Sponsor, wie lange er dafür brauchte.)
- Welche Leistungen erwerben Sie beim Einkauf ins System und was würden Sie für vergleichbare Leistungen »auf dem freien Markt« bezahlen?

- Wie ist das Verhältnis Ihres Einkaufspreises ins System in Bezug auf die Preise und Gewinn-Möglichkeiten durch den Vertrieb von Produkten. Wenn der Einkaufspreis in einem Missverhältnis zu den genannten Größen steht, könnte das zumindest ein Anhaltspunkt für das Vorliegen eines illegalen Schneeballsystems sein.
- Wie geht es weiter, wenn Sie sich ins System eingekauft haben? Wie unterstützt Sie Ihr System (und Sponsor) dabei, eigene Erfolge zu erreichen?

Produktverkauf oder System-Aufbau?

Die meisten MLM- oder Network-Marketing-Programme kennen zwei Ebenen, auf denen ihre Partner Einnahmen generieren können. Zum einen Einnahmen, die auf dem eigenen Verkauf, der eigenen Empfehlung oder Vermittlung von Produkten oder Dienstleistungen basieren. Zum anderen Einnahmen, die durch die Gewinnung von weiteren Partnern erzielt werden, die wiederum selbst mit den entsprechenden Produkten oder Dienstleistungen Umsatz generieren. Wenn Sie ins MLM einsteigen, dann machen Sie den wichtigen Schritt zum Unternehmer (vorerst wahrscheinlich Teilzeit- oder Nebenerwerbs-Unternehmer). Tun Sie den ersten Schritt dazu, indem Sie sich die nachfolgenden Fragen stellen:

Fragen, die Sie sich stellen sollten:

- Soll mein Fokus eher auf dem Vertrieb von Produkten oder der Gewinnung neuer Partner, oder einer Kombination von beidem, liegen? Welche Vorteile / Nachteile hat das für mich?
- Habe ich den Vergütungsplan verstanden? Welche Vergütung erhalte ich für eigene Umsätze, welche für Umsätze von Partnern auf den verschiedenen Ebenen, welche Provision bei der Gewinnung von Partnern etc.?

Mindestabnahme / Mindestumsatz?

Manche Systeme kennen gewisse Mindestabnahmen oder Mindestumsätze, um Provisionen zu erhalten, ihre selbst aufgebaute Struktur zu behalten etc. Anders gesagt gibt es MLM-Systeme, bei denen Sie von den von Ihnen geworbenen Partnern quasi überholt werden, wenn Sie nicht mehr Umsatz als diese generieren. Das heißt, Sie bekommen plötzlich von Ihrem »besten Pferd im Stall« und seiner Downline keine Provisionen mehr. Wir alle malen uns am liebsten die Situation aus, wonach alles rund läuft und wir als »Millionäre in spe« durch die Straßen von Hollywood schlendern. Trotzdem ist es gerade bei einer Entscheidung auch notwendig, sich damit auseinanderzusetzen, was passiert, wenn es einmal etwas stürmt und man beispielsweise aus gesundheitlichen Gründen weniger aktiv sein kann.

Fragen, die Sie sich stellen sollten:

> - Existiert eine Mindest-Umsatz-Bestimmung?
> - Welche und wie hoch ist diese? Bin ich sicher, dass ich diese in jedem Fall erfüllen kann?
> - Was passiert, wenn ich den Mindest-Umsatz (einmalig, mehrmalig, über eine längere Zeit hinweg) nicht erreiche?[3]

---

[3] Die meisten MLM-Systeme werben mit passivem Einkommen. Entscheiden Sie selbst, ob Sie es als passives Einkommen verstehen, wenn Sie beispielsweise auf einer höheren Provisionsstufe persönlich jeden Monat mehrere Tausend Euro Umsatz erzielen müssen, um nicht aus dem System zu fallen und überhaupt Provisionen zu erhalten.

Folgen von Urlaub, Abwesenheiten, Krankheit?

Im gleichen Kontext steht die Fragestellung, was mit Ihren Einnahmen und Ihrer Downline, also den von Ihnen geworbenen Vertriebspartnern und Kunden, geschieht, wenn Sie in Urlaub fahren oder aus anderen Gründen während einer begrenzten Zeit, oder gar länger, nicht aktiv sein können. Anders als in einer Anstellung sind Sie als selbstständiger Unternehmer dafür verantwortlich, sich und Ihre Einnahmen abzusichern. Solange Sie Networkmarketing nur als »Hobby« betreiben, mag das nicht so wichtig sein. Wenn Sie aber planen, einen Teilbetrag oder Ihren ganzen Lebensunterhalt mit den entsprechenden Einnahmen zu bestreiten, dann ist es essenziell, dass Sie sich frühzeitig Gedanken darüber machen.

Fragen, die Sie sich stellen sollten:

- Was passiert mit den Einnahmen und meiner Position im System, wenn ich während längerer Zeit keinen oder erheblich weniger Umsatz erreiche?
- Gibt es hierbei irgendwelche Fristen zu beachten?
- Kann ich meine Position (ähnlich wie eine Firma) ggf. weitergeben oder verkaufen?
- Gibt es Regeln, nach welcher Dauer der Untätigkeit oder des Nicht-Erreichens gewisser Ziele ich »aus dem System fliege«?

Glaubwürdigkeit?

Stellen Sie sich Herrn X. vor. Er raucht wie ein Schlot und kennt Bewegung nur aus dem Wörterbuch. Herr X. bietet Ihnen Gesundheitsprodukte oder Vitalstoffe an. Was würden Sie sich dabei denken? Besteht die Möglichkeit, dass Sie sich fragen würden, warum Herr X. anscheinend seine eigenen Produkte nicht konsumiert, oder wenn doch, was damit womöglich nicht stimmt? Genauso widerwillig würden Sie wohl bei einer Dame, die selbst unreine Haut hat, eine Gesichtscreme bestellen. Es kann durchaus sein, dass die unreine Haut ganz andere Gründe hat und Herr X. seine Raucherei tatsächlich bislang nur durch die Einnahme seiner Vitalstoffe überlebt hat. Doch der potenzielle Kunde wird das womöglich anders sehen.

Fragen, die Sie sich stellen sollten:

- Kann ich die angebotenen Produkte glaubwürdig vertreten, ohne jedem potenziellen Kunden meine halbe Lebensgeschichte zu erzählen?

- Würde ich, wenn ich ein Fremder oder Bekannter wäre, bei mir die angebotenen Produkte kaufen? Es kann durchaus sinnvoll sein, wenn Sie diese Frage einem Bekannten stellen. Es sollte aber jemand sein, der Ihnen die Wahrheit auch dann sagt, wenn sie womöglich unangenehm ist.
- Wie passen die angebotenen Produkte zu mir und meinem Image? Natürlich können Sie auch Produkte verkaufen, die nicht in Ihr Image passen. Es ist aber viel einfacher, wenn Sie von Ihrem Umfeld schon als Experte oder jemand, der sich im entsprechenden Bereich auskennt, wahrgenommen werden, bevor Sie beginnen, die Produkte zu verkaufen.

Warenrücknahme?

Wenn Sie Produkte vom Hersteller oder seiner Vertriebsgesellschaft zum Weiterverkauf oder zum Eigenbedarf erwerben, kann es vorkommen, dass Sie sich selbst überschätzt haben. Oder aber, dass Sie feststellen, dass ein gekauftes Produkt doch nicht Ihren Bedürfnissen entspricht. In den meisten Fällen haben Sie aber zu diesem Zeitpunkt bereits bezahlt.

Fragen, die Sie sich stellen sollten:

- Können Produkte zurückgegeben werden?
- Können angebrochene Verpackungen zurückgegeben werden, wenn Sie oder Ihr Kunde nicht zufrieden sein sollten?
- Welche Fristen oder weiteren Bestimmungen sind zu beachten?
- Wie werden zurückgesandte Produkte vergütet? (Geld zurück, Gutschrift, Ersatzlieferung, nur ein Teil wird zurückbezahlt ...)

Produktqualität / Haftung?

Allein die Tatsache, dass ein Produkt irgendwo auf diesem Planeten legal zu kaufen ist, bedeutet noch längst nicht, dass dies auch in Ihrem Land gelten muss. So gibt es durchaus Länder, in denen Cannabis-Produkte legal gehandelt werden dürfen. Das heißt aber nicht, dass Sie sich nicht strafbar machen würden, wenn Sie eine eigene kleine Hanfplantage aufbauten, entsprechende Produkte zum Kauf besitzen oder gar zum Kauf anbieten würden. Daneben stellt sich auch immer die Frage nach der Haftung, besonders dann, wenn Sie Produkte verkaufen. Sind Sie in der Lage festzustellen, ob Ihr Produkt Ihrem potenziellen Kunden wirklich hilft oder ob es ihm womöglich schadet? Solange Sie jemandem von Ihren Erfahrungen mit einem Produkt erzählen, dürfte das im Allgemeinen noch kein Problem darstellen. Wie sieht es aber aus, wenn Sie jemandem ein Produkt verkaufen und der Betreffende dieses aus irgendwelchen Gründen nicht verträgt? Gerade im Kontext von Gesundheitsprodukten ist der Pfad hier ziemlich schmal, besonders wenn es sich nicht um Nahrungsergänzungsprodukte handelt, sondern um Produkte, die nach der lokalen Gesetzgebung als Heilmittel klassifiziert werden.

Fragen, die Sie sich stellen sollten:

- Sind die Produkte, die Sie verkaufen möchten, in Ihrem Land legal verkäuflich?
- Welche Belege haben Sie für die Qualität des angebotenen Produktes?
- Haben Sie eine Haftpflicht- und Rechtsschutz-Versicherung und schliesst diese solche Themen ein? Achtung: normalerweise decken private Versicherungen geschäftliche Aktivitäten kaum oder gar nicht ab.
- Wenn die angebotenen Produkte in Ihrem Land nicht zugelassen sein sollten: warum nicht? Weil sie nicht zulassungsfähig sind oder weil man es aus irgendwelchen anderen Überlegungen nicht zugelassen hat?

Was fordert »Vater Staat« von mir?

Was viele MLM-Unternehmer nicht berücksichtigen, ist die Frage der sozialen Absicherung. Zum einen ist es in den meisten Ländern so, dass Einnahmen aus einer selbstständigen Tätigkeit versteuert werden müssen, aber in vielen Fällen ab einer gewissen Höhe auch weiteren Abgaben wie Sozialversicherungen, beruflicher Vorsorge u.v.a. unterliegen. Gerade MLM-Unternehmer denken oft nicht daran, dass sie auch schon bei relativ geringen Umsätzen gewisse staatliche Auflagen erfüllen müssen. Die alte Weisheit »Unkenntnis schützt vor Strafe nicht« gilt auch hier. Es empfiehlt sich in jedem Fall, sich hier vorgängig zu informieren, welche gesetzlichen Vorschriften in Ihrem Gebiet und für Ihren Fall bestehen.

Fragen, die Sie sich stellen sollten:

- Ab welchem Umsatz muss ich meine Tätigkeit als Gewerbe o.Ä. anmelden?
- Welche Bestimmungen bestehen in Bezug auf die Buchführung?
- Wie sind weitere Abgaben für meinen Fall geregelt: Sozialabgaben, Versicherungen, Steuern?

> - Welche Unterstützungen bietet meine MLM-Organisation dabei, resp. welche Anforderungen stellt sie womöglich selbst?

Bereitschaft, sich weiterzubilden?

Eine ganz zentrale Eigenschaft unterscheidet erfolgreiche von erfolglosen Networkmarketern. Wer in dieser Branche erfolgreich sein will, muss sich laufend weiterbilden. Viele Anbieter organisieren solche Weiterbildungen oft mit Top-Rednern für ganz kleines Geld, manche schreiben auch eine gewisse Mindest-Ausbildung vor, um für die eigene Firma aktiv zu werden.

Weiterbildung erfolgt üblicherweise im Bereich der fachlichen Weiterentwicklung (Produkt-Kenntnisse, Kenntnisse im Themenbereich), die Ihnen helfen soll, fachlich über Ihr Produkt zu kommunizieren und damit Ihrem potenziellen Kunden gegenüber Kompetenz auszustrahlen.

Daneben legen immer mehr Networkmarketing-Firmen auch viel Wert auf die Ausbildung ihrer Teilnehmer im Bereich der Persönlichkeitsentwicklung. Häufige Themen sind dabei Selbstbewusstsein, Verkaufstraining, Kommunikation u.v.a. Natürlich bieten diese Weiterbildungen nicht nur für den Vertriebserfolg, sondern auch für die Weiterentwicklung der Persönlichkeit ein großes Potenzial.

Fragen, die Sie sich stellen sollten:

- Bin ich bereit, mich sowohl in Veranstaltungen sowie auch in der Lektüre und im Kontakt mit meinem Sponsor oder Trainern der Organisation weiterzubilden?
- Welchen zeitlichen Einsatz bin ich bereit, dafür einzuplanen?

Zusammenarbeit mit Ihrem Sponsor?

Eine erfolgreiche MLM-Karriere basiert in den meisten Fällen auf einer positiven Zusammenarbeit mit Ihrem Sponsor. Nur wenn

Sie einen Draht zueinander haben und Ihr Sponsor selbst aktiv ist und an sich und seiner Downline arbeitet, wird er Sie auch beim Erreichen Ihrer Ziele unterstützen können. Dies bringt ihm einen unschätzbaren finanziellen Vorteil, er macht das also nicht nur aus purer Herzensgüte. Ich habe leider schon einige Networkmarketing-Anfänger scheitern gesehen, weil ihr Sponsor ein »fauler Hund« war und sie, nachdem er den »unterschriebenen Vertrag« in der Tasche hatte, alleine ließ.

Fragen, die Sie sich stellen sollten:

- Kann / möchte ich mit meinem Sponsor über längere Zeit intensiv zusammenarbeiten?
- Welche Unterstützung bietet der Sponsor?
- Fragen Sie Ihren Sponsor doch, ob er Ihnen ein paar Menschen nennen kann, die er schon geworben hat, und fragen Sie bei diesen unbedingt zurück.

- Welchen Erfolg hat Ihr Sponsor selbst? Wenn er Ihnen innerhalb kurzer Zeit Reichtum verspricht, offensichtlich aber kaum das Geld für eine Tasse Kaffee zusammenkratzen kann, dann sollten Sie sich überlegen, ob er und seine Aussagen glaubwürdig sind.

Zeit-Budget und Bereitschaft zur Extra-Meile?

Gerade in der Anfangszeit Ihrer MLM-Karriere werden Sie viel Zeit aufwenden. Sie können dies kurzfristig so handhaben oder aber über einen längeren Zeitraum hinweg. In den meisten Fällen wird es einige Zeit dauern, bis Sie namhafte Erfolge erzielen, und nur ganz wenige Menschen schaffen es innerhalb von Monaten, zu Wohlstand zu kommen (solche Fälle gibt es allerdings auch.) Doch auch diese arbeiten zumeist hart dafür. Würde man im MLM-Bereich Geld einfach »im Schlaf« verdienen, dann wären mehr Menschen im Empfehlungsmarketing erfolgreich.

Fragen, die Sie sich stellen sollten:

- Welchen zeitlichen Einsatz bin ich bereit und fähig, in den Aufbau meiner MLM-Karriere zu investieren (Weiterbildung, Kontakte machen, Verkaufs- und Sponsoring-Gespräche führen)?
- Welchen Aufwand treibt mein Sponsor und wie lange hat er dazu gebraucht, um z.B. eine monatliche Provision von 1000 Euro zu erreichen, falls er diese Summe schon erzielt).

- Fragen Sie Ihren Sponsor auch aktiv, was er sich als zeitliches Investment wünschen würde, und sprechen Sie Ihre Möglichkeiten ab. Es ist in den meisten Organisationen kein Problem, wenn Sie nur wenig Zeit haben, man kann gerade im MLM alles organisieren. Sie müssen sich je nach Einsatzmöglichkeit bewusst sein, dass die »Durststrecke« länger sein wird. Es ist dabei auch wichtig, diesen Punkt mit Ihrem Sponsor offen zu erörtern, damit keine Missstimmung aufkommt, weil beide von unterschiedlichen Ideen ausgehen.

Fazit

Auch wenn im Networkmarketing oft von passivem Einkommen gesprochen wird, halten nicht alle Anbieter dieses Versprechen auch ein. Insbesondere ist allen Systemen gemeinsam, dass nur der erfolgreich wird, der auch bereit ist, entsprechenden Einsatz zu bringen. Ich bin selbst der beste Beweis, dass man mit Networkmarketing zu einem gewissen Wohlstand kommen kann, und Sie dürfen mir glauben, ich kenne Menschen, die damit richtig reich geworden sind. Sie alle zeichnet aber aus, dass ihnen ihr Erfolg nicht in den Schoß gefallen ist. Vielmehr haben sie dafür lange Zeit hart gearbeitet, wenn auch selbstbestimmt, als ihr »eigener Boss«.

Ich halte es für die MLM-Branche für sehr wichtig, dass Menschen sich bewusst dafür oder dagegen entscheiden. Leute, die mit falschen Versprechen gelockt werden, sind unzufrieden und schaden der ganzen Branche. Daneben bringen solche Leute - und das ist hier nicht als Wertung gemeint - dem Sponsor ebenfalls nichts.

Es ist gerade in dieser Branche von entscheidender Wichtigkeit, seine Kraft in die Partner zu investieren, die auch fähig, willens und bereit sind, entsprechenden Einsatz zu bringen. Alles andere hält den Sponsor nur auf.